만화로 배우는
유치권

혼자만 알고 싶은 대박 경매 시리즈

만화로 배우는
유 치 권

정기수·류승언 지음 | 안 주 그림

봄봄
스토리

CONTENTS

- **01** 유치권이란? ··· 11
- **02** 유치권의 성립요건 ·· 17
- **03** 민법상의 유치권 ·· 25
- **04** 유치권의 견련성 ·· 29
- **05** 유치권의 점유형태와 양도·양수 ······························ 35
- **06** 유치권의 불가분성 ·· 47
- **07** 실질적경매와 형식적경매 & 유치권에 의한 경매 ·········· 55

08 유치권자의 이해관계인 유무 ·· 63

09 유치권의 시효 및 존속기간 ·· 69

10 유치권의 분석방법 및 사례 ·· 75

    1) 유치권 신고서류로 확인하는 방법 ······························ 76

    2) 유치권 물건을 임대차 하는 경우 ································ 85

    3) 위성지도로 확인가능한 유치권 ··································· 96

11 유치권 관련 판례 ·· 105

지은이의 말

"경매에서 보게되는 유치권은 거의 대부분이 허위유치권이니까 신경쓰지 않아도 된다."

경매를 공부하는 사람들이면 한 번쯤은 들어본 말일 것이다. 정말 그럴까? 필자는 위와 같은 말에 결코 동의할 수 없다. 물론 경매에서 보게 되는 대부분의 유치권들이 허위이거나 피보전채권가액이 부풀려진 채 신고되는 경우도 많다. 그렇다고 해서 유치권에 대한 검토를 소홀히 했다가 실전에서 진정한 유치권자와 맞닥뜨리게 된다면, 정말 난감하고 어려운 상황에 놓일 수 있다. 신경쓰지 않았던 진정한 유치권으로 인하여 입찰보증금을 포기하거나, 소유권을 이전한 후에도 유치권을 해결하지 못하여 어렵게 받은 물건이 다시 경매에 나오는 경우가 부지기수인 것이다.

필자는 이미 《맹지탈출》, 《법정지상권》, 《공유지분경매》 등 경매와 관련 만화 책자들을 집필하였고, 위 책자에서는 경매와 관련된 분석을 거의 완벽하게 할 수 있다고 자부한 바 있다. 그러나 유치권은 위와 같은 쟁점과는 그 차원이 다르다. 유치권을 분석하는 방법에는 여러 가지가 있을 수 있다. 통상 유치권자가 법원에 신고한 서류를 통하여 확인하는 방법, 위성지도 등의 분석을 통하여 확인하는 방법 등이 그것이다. 그러나 위와 같은 방법으로는 확인할 수 없는 유치권 사례가 너무나도 많다. 그래서 유치권을 주장하는 사람과 직접 대면하여 분석하는 방법을 사용하기도 하는데, 유치권자의 말만 듣고는 진정한 유치권인지 여부를 확정하기는 어렵다. 그래서 경매법원에서는 유치권을 주장하는 사람이 유치권을 신고하면 유치권성립유무를 판단하지 않고 우선은 유치권자라고 표기를 하고, 진정한 유치권의 성립유무는 낙찰자와 유치권자 간의 법적 다툼을 통하여 해결하게끔 하고 있는 것이다. 그러므로 유치권자가 물건을 계속하여 점유하고 있으면 낙찰자는 신고된 유치권자를 상대로 유치권부존재확인소송을 제기하거나 신고된 유치권자와의 합의를 통하여 문제를 해결할 수밖에 없다.

이러한 이유로 유치권이 존재하는 경매물건은 최초법사가격과 비교하여 아주 낮은 가격에 낙찰되는 것을 종종 목격하게 되는 것이다. 물론 유치권이 신고된 경매물건이라도 간단한 방법으로 그 성립여부를 확인할 수 있는 물건들이 있다. 본 책자에서는 진정한 유치권 성립여부를 확인하고 판단할 수 있는 가장 기본적인 내용뿐만 아니라 유치권을 분석하는데 있어 반드시 알아야 할 필수적인 내용들을 소개하고자 노력하였다. 필자는 그 동안 많은 경매물건들을 접해 왔으며, 유치권과 관련하여 엄청난 양의 물건을 분석하였다. 책자에 소개된 내용대로 분석해 본 결과, 본 책자의 내용만 제대로 숙지하고 있다면 거의 90%이상의 물건에 대한 유치권성립여부를 완벽하게 파악하고 대처할 수 있을 것이다. 그러나 유치권은 항상 주의를 기울여 분석해야 한다. 경매로 부동산을 취득하는데는 상당한 금원이 소요되고 자칫 유치권을 잘못 분석하여 부동산을 취득하면 경락자는 경제적으로 엄청난 타격을 입을 수밖에 없기 때문이다.

시중에는 경매와 관련된 책자들이 넘쳐난다. 그러나 이를 읽고 배우는 독자들의 입장에서는 내용이 어렵고 이해되지 않는 부분이 상당수 있을 것이다. 이런 이유로 필자는 독자들이 조금이나마 쉽게 이해할 수 있도록 만화로 출판을 하게 되었다. 앞으로도 필자는 기회가 되는 한 독자들의 편에 서서 쉽고 유용한 책자들을 출판하고자 한다. 끝으로 이 책이 나오기까지 많은 도움을 주신 분들께 고마운 마음을 전해드리며, 이 책이 경매나 유치권에 대하여 알고자 하는 독자들에게 조금이나마 도움이 되었으면 한다.

2020년 가을 초입에

정기수, 류승언

MEMO

01 유치권이란?

민법 제320조

타인의 물건 또는 유가증권을 점유한 자는 그 물건이나 유가증권에 관하여 생긴 채권이 변제기에 있는 경우에는 변제를 받을 때까지 그 물건 또는 유가증권을 유치할 권리가 있다.

민법에는 유치권이 이렇게 나와 있습니다.

"교수님! 이해가 되기는 하는데 뭔가…"

ㅋㅋ 그럴 겁니다. 하나의 예를 들어보죠.

"진작 그렇게 하시지~~"

여러분의 자동차가 고장이 나면 정비소에 맡기시죠.

"그건 당연하죠…"

그럼 자동차 수리가 끝나면 그냥 차를 가져올 수 있나요?

"당연히 수리비를 줘야 가져오죠!"

민법 제324조 (유치권자의 선관의무)

① 유치권자는 선량한 관리자의 주의로 유치물을 점유하여야 한다.
② 유치권자는 채무자의 승낙없이 유치물의 사용, 대여 또는 담보제공을 하지 못한다. 그러나 유치물의 보존에 필요한 사용은 그러하지 아니하다.
③ 유치권자가 전2항의 규정에 위반한 때에는 채무자는 유치권의 소멸을 청구할 수 있다.

02 유치권의 성립요건

유치권의 성립요건

① 채권이 유치권의 목적물에 대하여 생긴 것일 것.
② 채권의 변제기가 도래했을 것.
③ 타인의 목적물을 점유하고 있을 것.
④ 유치권 발생 배제 특약이 없을 것.

판례로 보는 유치권의 성립요건

① 채권이 유치권의 목적물에 대하여 생긴 것인지.
② 채권의 변제기가 도래했는지.
③ 유치권자가 물건을 점유하고 있는지, 혹은 일단 점유하였다가 현재는 점유를 상실한 것이 아닌지.
④ 유치권 발생을 배제하는 특약이 없는지.
⑤ 물건의 점유가 불법행위로 인한 것은 아닌지.
⑥ 유치권자가 물건의 보존에 필요한 사용의 정도를 넘어 채무자의 승낙없이 유치물을 사용하거나 대여, 담보제공을 하고 있지 않는지.
⑦ 피담보채무가 소멸시효를 완성한 것은 아닌지.
⑧ 부동산소유자가 유치권자에게 경매기입등기 후 물건의 점유를 자발적으로 이전하여 유치권을 취득하게 하지는 않았는지.
⑨ 유치권자가 경매개시결정 등기 후에 유치권을 취득하였는지.
⑩ 경매절차가 개시될 가능성이 있음을 충분히 인식하고도 물건의 개조 등에 관한 공사를 시행하였는지.

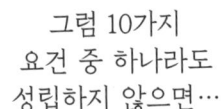

03 민법상의 유치권

민법 제321조 (유치권의 불가분성)

유치권자는 채권전부의 변제를 받을 때까지 유치물전부에 대하여 그 권리를 행사할 수 있다.

민법 제322조 (경매, 간이변제충당)

① 유치권자는 채권의 변제를 받기 위하여 유치물을 경매할 수 있다.
② 정당한 이유있는 때에는 유치권자는 감정인의 평가에 의하여 유치물로 직접 변제에 충당할 것을 법원에 청구할 수 있다. 이 경우에는 유치권자는 미리 채무자에게 통지하여야 한다.

민법 제323조 (과실수취권)

유치권자는 유치물의 과실을 수취하여 다른 채권보다 먼저 그 채권의 변제에 충당할 수 있다. 그러나 과실이 금전이 아닌 때에는 경매하여야 한다.

민법 제324조 (유치권자의 선관의무)

① 유치권자는 선량한 관리자의 주의로 유치물을 점유하여야 한다.
② 유치권자는 채무자의 승낙없이 유치물의 사용, 대여 또는 담보제공을 하지 못한다. 그러나 유치물의 보존에 필요한 사용은 그러하지 아니하다.
③ 유치권자가 전2항의 규정에 위반한 때에는 채무자는 유치권의 소멸을 청구할 수 있다.

민법 제325조 (유치권자의 상환청구권)

① 유치권자가 유치물에 관하여 필요비를 지출한 때에는 소유자에게 그 상환을 청구할 수 있다.
② 유치권자가 유치물에 관하여 유익비를 지출한 때에는 그 가액의 증가가 현존한 경우에 한하여 소유자의 선택에 좇아 그 지출한 금액이나 증가액의 상환을 청구할 수 있다. 그러나 법원은 소유자의 청구에 의하여 상당한 상환기간을 허여할 수 있다.

민법 제326조 (피담보채권의 소멸시효)

유치권의 행사는 채권의 소멸시효의 진행에 영향을 미치지 아니한다.

민법 제327조 (타담보제공과 유치권소멸)

채무자는 상당한 담보를 제공하고 유치권의 소멸을 청구할 수 있다.

민법 제328조 (점유상실과 유치권소멸)

유치권은 점유의 상실로 인하여 소멸한다.

04 유치권의 견련성

자! 갑자기 유치권의 견련성이라는 말이 나오니까 이상하죠? 견련성이라면…?	유치권의 성립요건에서 "채권이 유치권의 목적물에 대하여 생긴 것일 것"이라는 말을 봤는데… **채권이 유치권의 목적물에 대하여 생긴 것일 것** 그건 알고 있습니다.
우리가 경매에서 유치권을 말하면 민사유치권을 생각하는데 반드시 그렇지는 않습니다.  민사유치권이요?	민사유치권과 달리 상사유치권이라는 것도 있습니다. 
견련성 (牽連性) - 국어사전 법률로 규율하는 특정한 행위와 이에 반드시 결부되는 행위가 서로 얽히어 관계를 가지게 되는 성질	자! 이렇게 보면 상당히 이해하기가 쉽지는 않을 겁니다. 그래서 교수님이 쉽게 설명을 …

자! 이렇게 말하면 잘 이해가 안될 수도 있습니다. 그럼 어떻게 해야…?	피담보채권을 공사대금, 유치권을 행사하고자 하는 목적물을 건물 등으로 생각하면 이해하기가 좋을 겁니다. **피담보채권 = 공사대금** 정말 그렇네요…
또한 상사유치권을 주장하기 위해서는 당사자 모두가 상인이어야 합니다. 교수님! 그건 조금 구체적으로 설명해주셔야 할 거 같은데요…	알겠습니다. 상사유치권을 주장하기 위해서는 양 당사자, 즉 공사를 발주한 사람과 직접 공사를 한 주체가 상인이어야 합니다. 그럼 한 쪽이 상인이 아니라면…?
그럴 경우 상사유치권은 주장할 수가 없습니다. 헐 ~~	교수님! 이것도 사례를 들어서 설명해 주시면… 알겠습니다.

❹ 유치권의 견련성

05

유치권의 점유형태와 양도·양수

그렇습니다. 이와 관련된 대법원 판례도 있습니다.

대법원 2008.4.11.선고 2007다27236판결

채무자를 직접점유자로 하여 채권자가 간접점유하는 경우에는 유치권은 성립하지 않는다.

❺ 유치권의 점유형태와 양도·양수

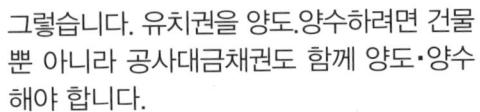

그렇습니다. 유치권을 양도·양수하려면 건물 뿐 아니라 공사대금채권도 함께 양도·양수해야 합니다.

그렇군요. 교수님! 이와 관련된 판례가 있으면…

알겠습니다. 두 개의 판례를 보기로 하죠.

알겠습니다.

대법원 1972.5.30.선고 72다548판결

甲 (건축주) VS 乙 (공사업자 겸 유치권자)

| 甲과 乙 합의 | 공사대금으로 7동의 건물을 乙에게 양도함. |

그러나 甲은 약속을 위반하고 원고에게 소유권이전등기를 해주었다.

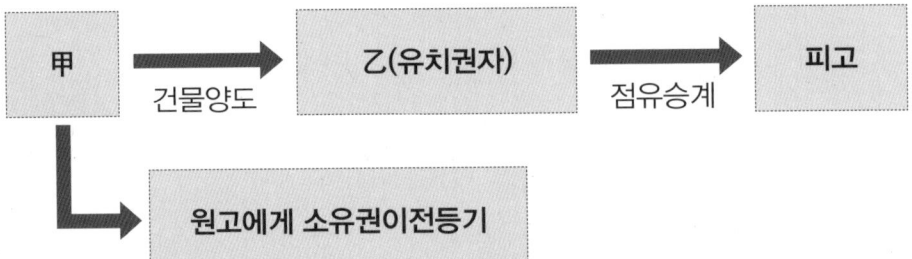

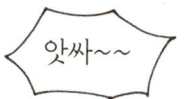

대법원 2019.12.19. 선고 2016다24284 전원합의체 판결

양도금지특약을 위반한 채권양도의 효력(원칙적 무효) 및 채권양수인의 악의 또는 중과실에 대한 주장·증명책임의 소재(=양도금지특약으로 양수인에게 대항하려는 자) : 양도금지특약을 위반하여 채권을 제3자에게 양도한 경우에 채권양수인이 양도금지특약이 있음을 알았거나 중대한 과실로 알지 못하였다면 채권이전의 효과가 생기지 아니한다. 반대로 양수인이 중대한 과실 없이 양도금지특약의 존재를 알지 못하였다면 채권양도는 유효하게 되어 채무자는 양수인에게 양도금지특약을 가지고 채무 이행을 거절할 수 없다. 채권양수인의 악의 내지 중과실은 양도금지특약으로 양수인에게 대항하려는 자가 주장·증명하여야 한다.

06 유치권의 불가분성

자! 이제 유치권의 불가분성에 대하여 알아보기로 하죠. "불가분성이요?"	예. 유치권의 불가분성과 관련하여 많은 사람이 착각하고 있는 것이 있습니다. "교수님! 불가분성에 대하여 먼저 알려주시면…"
불가분성이란 민법조문에서 보면… "민법이요…?"	민법 제321조에 의하면 "유치권자는 채권 전부의 변제를 받을 때까지 유치물전부에 대하여 그 권리를 행사할 수 있다"고 하죠. "그렇게 말씀하시면… 조금 어렵습니다~~"
항상 법조문은 그럴 겁니다. "교수님이 예를 들어 설명해주시면…"	알겠습니다. 하나의 예를 들어보죠. "감사합니다."

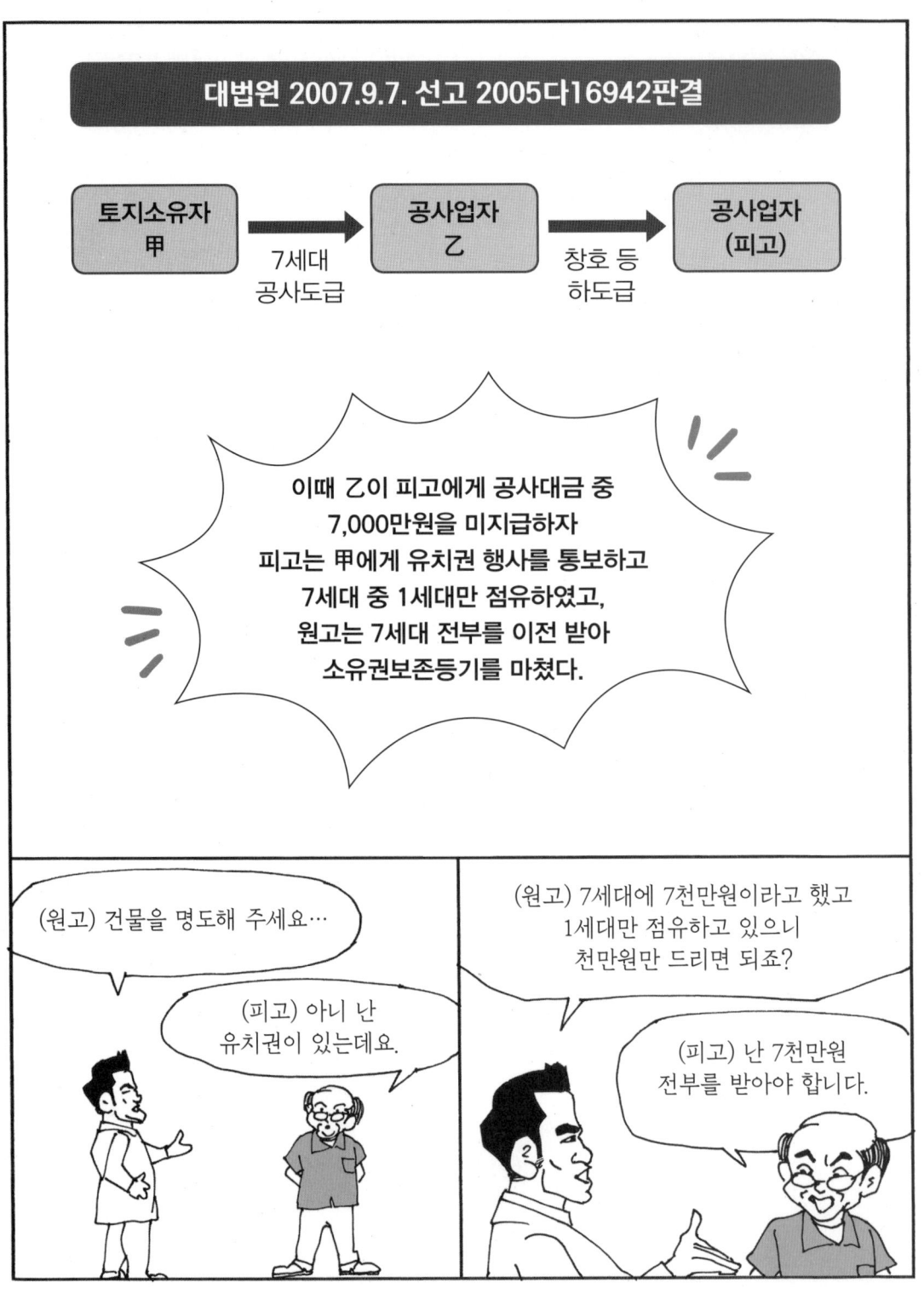

결론은 공사업자인 피고는 유치하고 있는 1세대에 대하여 7천만원 전부를 주장할 수 있다는 거죠.

이때 입찰에 응하는 사람들은 유치권금액을 세대 수로 나누어 지급하면 유치권을 해결할 수 있다고 생각하는데…

$$\frac{유치권금액}{세대 수}$$

MEMO

07

실질적 경매와 형식적 경매 & 유치권에 의한 경매

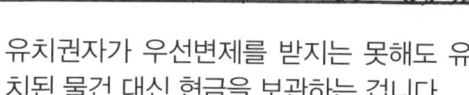

MEMO

08

유치권자의 이해관계인 유무

■ 당사자내역

당사자구분	당사자명	당사자구분	당사자명
승계인	유○○○○○ ○○○○○○○○○	채권자	주○○○ ○○○○
채무자겸 소유자	주○○○ ○○○○○○○	가압류권자	윤○○
압류권자	국○○○○○○○	가등기권자	윤○○
교부권자	이○○○○	교부권자	양○○
교부권자	국○○○○○○○ ○○○○	배당요구권자	윤○○
유치권자	김○○		

아닙니다! 많은 사람들은 유치권자가 경매법원에 신고를 안하면 유치권자가 아닌 것으로 생각하는데…

그러면 그렇지 않다는…?

그렇습니다. 유치권자로서의 지위는 경매법원에 신고를 하느냐, 하지 않느냐에 달려 있지 않습니다.

그러면…?

유치권의 성립요건에서 봤듯이 목적물의 점유가 가장 중요합니다.

그럼 경매법원에 신고하지 않아도…

그렇습니다. 유치권자로서의 지위는 경매법원에 신고 유무에 달려 있지 않습니다.

그럼 왜 경매법원에 신고하나요?

이해관계인의 권리

1. 집행에 관한 이의신청권
2. 경매개시결정에 대한 이의신청권
3. 매각기일과 매각결정기일을 통지받을 수 있는 권리
4. 매각허가 여부 결정에 대하여 즉시항고할 수 있는 권리
5. 배당기일의 통지를 받을 수 있는 권리
6. 배당기일에 출석하여 배당표에 관한 의견을 진술할 수 있는 권리

09

유치권의 시효 및 존속기간

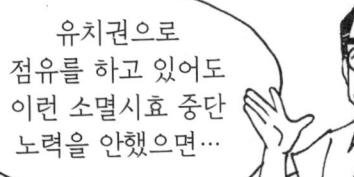

그렇습니다. 그래서 경매물건을 분석할 경우 이런 내용을 잘 봐야 합니다.

유치권으로 점유를 하고 있어도 이런 소멸시효 중단 노력을 안했으면…

그렇죠. 유치권을 부정할 수 있겠죠.

유치권의 시효와 존속기간이 중요하네요~~

대법원 2009.9.24. 선고 2009다39530판결

유치권이 성립된 부동산의 매수인은 피담보채권의 소멸시효가 완성되면 시효로 인하여 채무가 소멸되는 결과 직접적인 이익을 받는 자에 해당하므로 소멸시효의 완성을 원용할 수 있는 지위에 있다고 할 것이나, 매수인은 유치권자에게 채무자의 채무와는 별개의 독립된 채무를 부담하는 것이 아니라 단지 채무자의 채무를 변제할 책임을 부담하는 점 등에 비추어 보면, 유치권의 피담보채권의 소멸시효기간이 확정판결 등에 의하여 10년으로 연장된 경우 매수인은 그 채권의 소멸시효기간이 연장된 효과를 부정하고 종전의 단기소멸시효기간을 원용할 수는 없다.

이 판결은 유치권부존재소송과 관련된 내용입니다.

헐! 이렇게만 말씀하시면 이해가…

내용을 살펴보면 유치권이 있는 물건을 경락받은 낙찰자가 유치권자의 소멸시효가 지났으므로 유치권을 부정한다는 소송입니다.

그런데 유치권자가 확정판결을 받은 거 같은데요?

10 유치권의 분석방법 및 사례

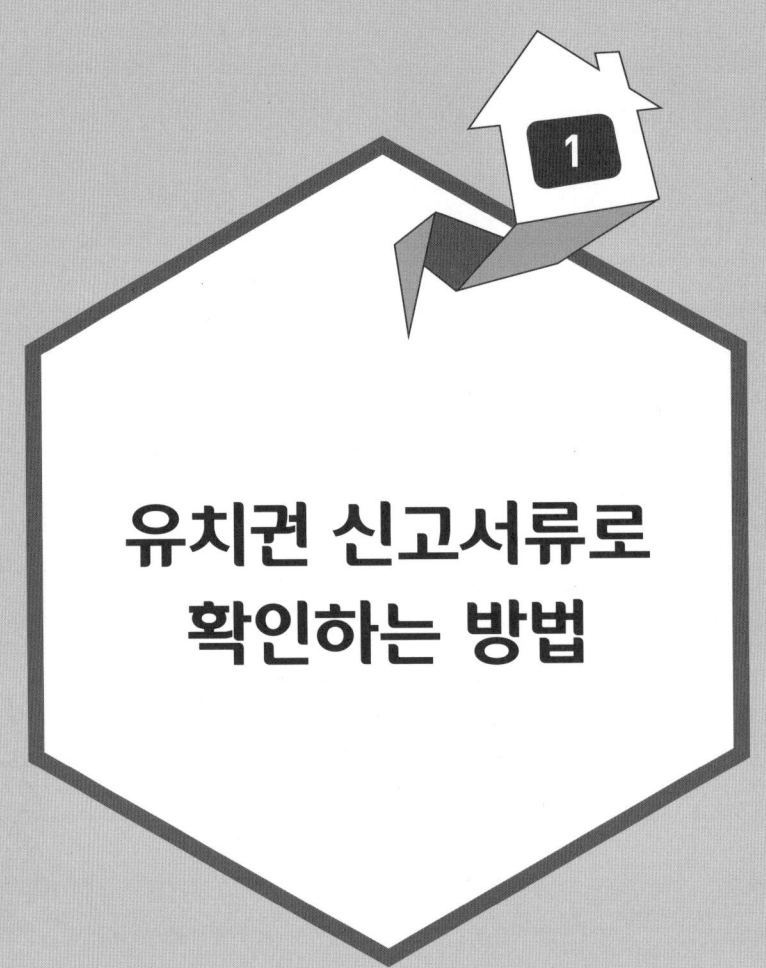

유치권 신고서류로 확인하는 방법

의정부5계 2009 타경 27714[1] 주택

관련물건 번호	<	1 종결	2 종결							>
소 재 지	경기 가평군 가평읍 금대리 77-2 ,-1 [일괄]-6, 72-1, 72-1 ,-3.									
경매구분	임의경매			채 권 자	수OOO						
용 도	주택			채무/소유자	신OO / (OOOOO)		매 각 기 일	11.10.04 (672,500,000원)		
감 정 가	1,764,038,000 (09.07.28)			청 구 액	1,197,303,349		종 국 결 과	13.06.25 배당종결		
최 저 가	462,432,000 (26%)			토지면적	1,477.0㎡ (446.8평)		경매개시일	09.07.17		
입찰보증금	46,243,200 (10%)			건 물 면 적	전체 848.1㎡ (256.6평) 제시외 288.1㎡ (87.2평)		배당종기일	09.10.19		
주 의 사 항	· 유치권 특수件분석신청									

자! 이 물건은 북한강변에 위치한 물건입니다.

위치가 아주 좋은데요~~

지금은 멋진 펜션으로 변해 있습니다.

그런데 이게 유치권분석과 무슨 관련이…?

유치권을 분석하는데 아주 좋은 사례입니다.

그 당시 17명이 응찰했군요~~

그렇습니다. 경쟁이 치열했습니다.

그럼 그때 낙찰 받으셨군요?

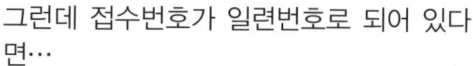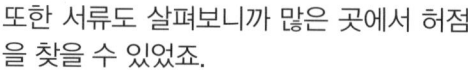

그래서 그 많은 유치권자를 경매방해죄로 형사고발을 했습니다. 결과는 어떻게 되었나요?	당연히 형사고발을 했으니까 경찰서에서 조사를 하니까 소환했겠죠? 그래서요?
소환한 결과 자신들은 유치권 신고한 사실도 모르고 신고도 안했다는 겁니다. 그럼 누가 유치권신고를…?	나중에 안 사실이지만 법무사사무실에 근무하는 직원이 한 짓이었습니다. 그럼 왜 그런 일을 했을까요?
물론 2가지로 생각해 볼 수 있습니다. 2가지요?	많은 금액의 유치권을 신청해서 여러 차례 유찰을 시킨 후 본인이 경락을 받거나… 또는…?

유치권 물건을 임대차 하는 경우

대법원 2002.11.27. 자 2002마3516결정

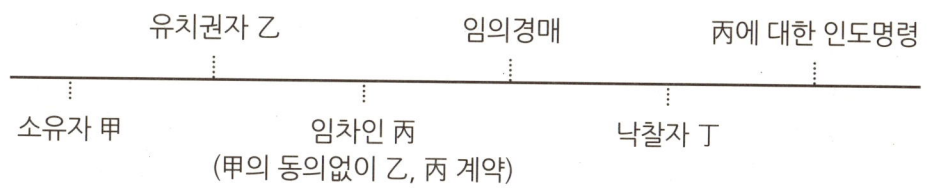

물권

소유권, 저당권, 지상권, 지역권, 전세권, 유치권, 질권, 점유권, 등기된 임차권, 담보가등기

채권

가압류, 압류, 임차금

자! 물권과 채권을 보면 이와 같습니다.

유치권은 물권이네요?

그렇습니다. 물권은 누구에 대해서나 주장할 수 있는 권리인 반면…

채권은 오직 채권자와 채무자의 관계에서만 문제가 되죠?

그렇습니다. 그래서 유치권은 물권이므로 소유자가 바뀌더라도 주장이 가능한 겁니다.

정말 그렇네요~~

자! 이제 이와 같은 것을 생각하면서 판례를 하나 보기로 하죠.

알겠습니다.

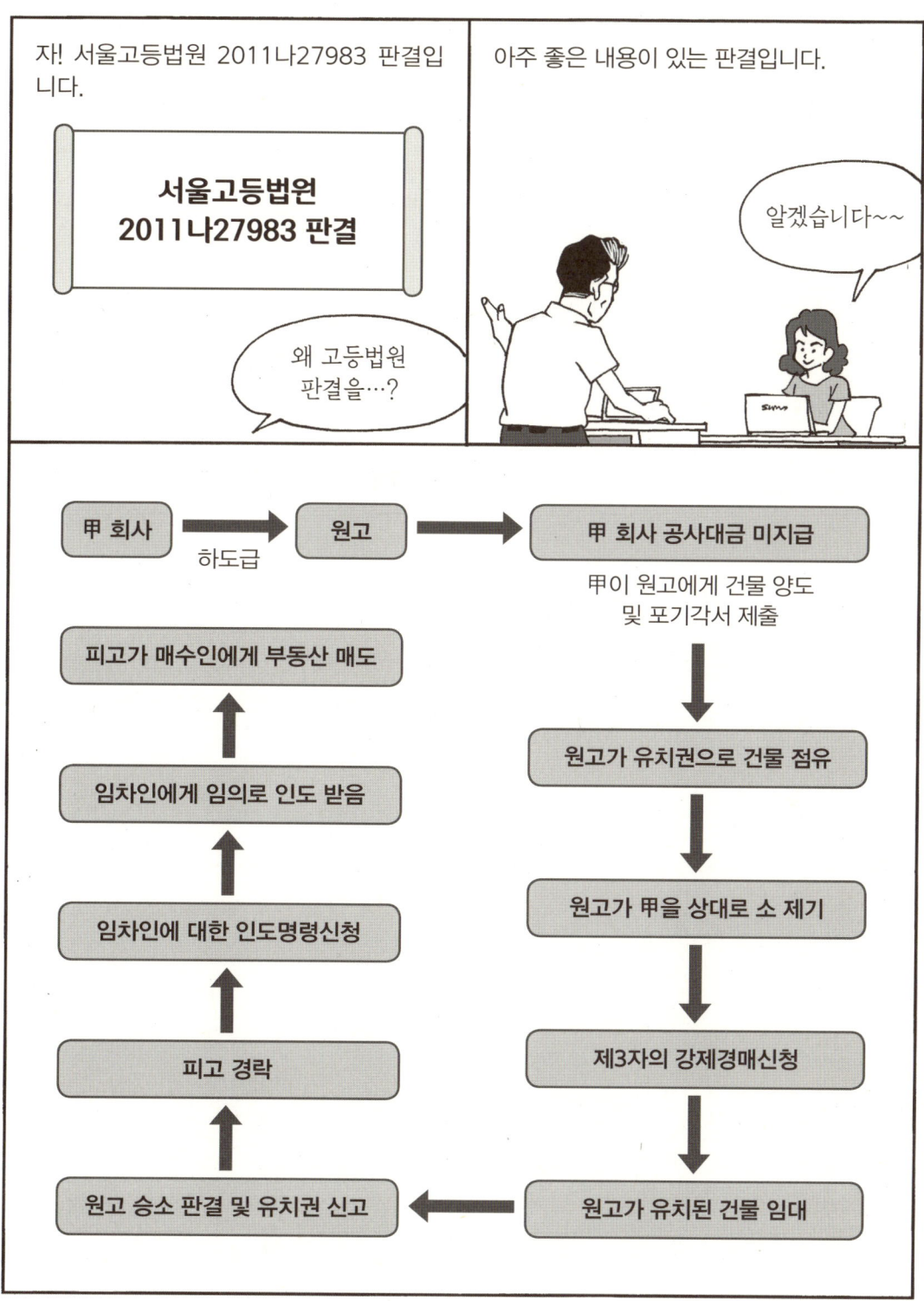

아울러 새로운 소유자로서는 임차인들이 종전 유치권자의 승낙을 받았는지 여부를 알기 어렵고, 따로 임대에 관한 승낙 여부를 공시할 방법이 없어 승낙의 직접 당사자 또는 포괄승계인이 아닌 특정승계인에게까지 종전 소유자의 승낙을 이유로 그 대항력을 인정할 수는 없다는 겁니다.

이것도 맞는 말인 거 같아요~~

또한 경매물건을 보면 유치권자가 대물로 물건을 받거나, 임대차로 변경계약을 한 경우가 있습니다.

예! 그런 경우를 저도 봤습니다.

그런 경우도 유치권이 소멸된다고 봐야 되겠죠.

유치권을 대물계약이나 임대차로 변경했으니까 당연히 유치권은 소멸되겠네요~~

그런데 이와는 배치되는 판결도 있습니다.

어떤 판결이요?

광주고등법원 2007나1956판결인데요…

이 판결에서는…?

유치권자가 공사대금채권을 임대차보증금으로 전환한 것은…

이런 경우 유치권이 소멸되겠죠?

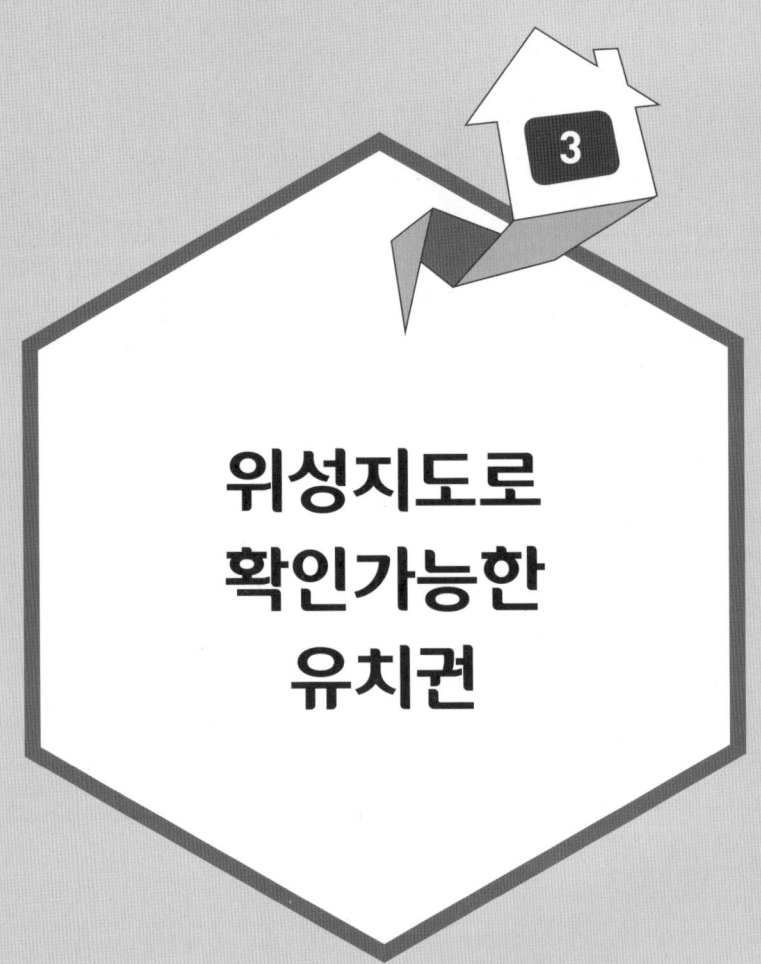

위성지도로 확인가능한 유치권

수원10계 2019 타경 20732[1] 대지

소 재 지	경기 용인시 처인구 이동읍 묵리 664-4 도로명주소				
경매구분	임의경매	채 권 자	신원지엘에스		
용 도	대지	채무/소유자	손기영	매각기일	20.07.15 (246,560,000원)
감 정 가	429,219,000 (19.09.19)	청 구 액	547,654,000	다음예정	
최 저 가	147,222,000 (34%)	토지면적	757.0㎡ (229.0평)	경매개시일	19.09.05
입찰보증금	14,722,200 (10%)	건 물 면 적	0㎡ (0.0평)	배당종기일	19.11.19
주 의 사 항	· 유치권 · 맹지 특수㈜분석신청				

2015년 위성사진

자! 이 경매물건의 2015년 위성사진입니다.

유치권자가 건축을 하기 전인가요?

그렇습니다. 그럼 이제 현재의 위성사진을 한번 보겠습니다.

어! 그럼 비교가 되겠네요?

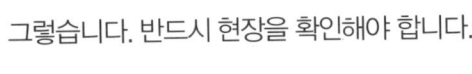
그렇습니다. 반드시 현장을 확인해야 합니다.

ㅋㅋ 법정지상권과 유치권은 많이 다르죠.

법정지상권은 안 나가도 거의 분석이 되었는데…

그래서 유치권분석이 더 어렵다고 하셨군요.

현재 경매물건 현황

11

유치권 관련 판례

No	판결요지	사건번호	페이지
1	일부만 완공된 건물에 전세금을 지급하고 입주한 후 건물을 매수하기로 합의한 후 자기자금으로 미완성 부분을 완성한 자의 유치권 행사는?	66다2111판결	109
2	유치권의 성립요건인 유치권자의 점유에 간접점유가 포함되는지 여부(적극)	2002마3516결정	112
3	[1] 민법 제320조 제1항에 정한 유치권의 피담보채권인 '그 물건에 관하여 생긴 채권'의 범위 및 민법 제321조에 정한 유치권의 불가분성이 그 목적물이 분할 가능하거나 수개의 물건인 경우에도 적용되는지 여부(적극) [2] 다세대주택의 창호 등의 공사를 완성한 하수급인이 공사대금채권 잔액을 변제받기 위하여 위 다세대주택 중 한 세대를 점유하여 유치권을 행사하는 경우, 그 유치권은 위 한 세대에 대하여 시행한 공사대금만이 아니라 다세대주택 전체에 대하여 시행한 공사대금채권의 잔액 전부를 피담보채권으로 하여 성립한다고 본 사례	2005다16942판결	119
4	부동산 임의경매절차에서 이미 최고가매수신고인이 정해진 후 매각결정기일까지 사이에 유치권의 신고가 있고 그 유치권이 성립될 여지가 없음이 명백하지 아니한 경우, 집행법원이 취할 조치(=매각불허가결정)	2008마459판결	123
5	유치권의 피담보채권의 소멸시효기간이 확정판결 등에 의하여 10년으로 연장된 경우, 유치권이 성립된 매수인이 종전의 단기소멸시효를 원용할 수 있는지 여부(소극)	2009다39530결정	126
6	체납처분압류가 되어 있는 부동산에 대하여 경매절차가 개시되기 전에 민사유치권을 취득한 유치권자가 경매절차의 매수인에게 유치권을 행사할 수 있는지 여부(적극)	2009다60336 전원합의체판결	131
7	민법 제322조 제1항에 따른 유치권에 의한 경매가 목적부동산 위의 부담을 소멸시키는 것을 법정매각조건으로 하여 실시되는지 여부(적극)와 유치권자의 배당순위(=일반채권자와 동일한 순위) 및 집행법원이 매각조건 변경결정을 통해 목적부동산 위의 부담을 매수인이 인수하도록 정할 수 있는지 여부(적극)	2010마1059결정	138

No	판결요지	사건번호	페이지
8	상사유치권과 관련한 여러 판례	2010다57350판결	143
9	부동산 매도인이 매매대금을 다 지급받지 않은 상태에서 매수인에게 소유권이전등기를 마쳐주었으나 부동산을 계속 점유하고 있는 경우, 매매대금채권을 피담보채권으로 하여 매수인이나 그에게서 부동산 소유권을 취득한 제3자에게 유치권을 주장할 수 있는지 여부(소극)	2011마2380판결	147
10	채무자 소유의 건물에 관하여 공사를 도급받은 수급인이 경매개시결정의 기입등기가 마쳐지기 전에 채무자에게서 건물의 점유를 이전받았으나 경매개시결정의 기입등기가 마쳐져 압류의 효력이 발생한 후에 공사를 완공하여 공사대금채권을 취득함으로써 유치권이 성립한 경우, 수급인이 유치권을 내세워 경매절차의 매수인에게 대항할 수 있는지 여부(소극)	2011다55214판결	151
11	갑 주식회사가 건물신축 공사대금 일부를 지급받지 못하자 건물을 점유하면서 유치권을 행사해 왔는데, 그 후 을이 경매절차에서 건물 중 상가 부분을 매수하여 소유권이전등기를 마친 다음 갑 회사의 점유를 침탈하여 병에게 임대한 사안에서, 갑 회사의 유치권이 소멸하지 않았다고 본 원심판결에 법리오해의 위법이 있다고 한 사례	2011다72189판결	155
12	채무자 소유의 목적물에 이미 저당권 기타 담보물권이 설정되어 있는데 채권자가 자기 채권의 우선적 만족을 위하여 채무자와 의도적으로 유치권의 성립요건을 충족하는 내용의 거래를 하고 목적물을 점유함으로써 유치권이 성립한 경우, 유치권을 저당권자 등에게 주장하는 것이 허용되는지 여부(소극) 및 이 경우 저당권자 등이 경매절차 기타 채권실행절차에서 유치권을 배제하기 위하여 그 부존재확인 등을 소로써 청구할 수 있는지 여부(적극)	2011다84298판결	158
13	공사대금채권에 기하여 유치권을 행사하는 자가 스스로 유치물인 주택에 거주하며 사용하는 것이 유치물의 보존에 필요한 사용에 해당하는지 여부(원칙적 적극)	2009다40684판결 2011다107009판결	163

No	판결요지	사건번호	페이지
14	근저당권자가 유치권 신고를 한 사람을 상대로 경매절차에서 유치권을 내세워 대항할 수 있는 범위를 초과하는 유치권의 부존재 확인을 구할 법률상 이익이 있는지 여부(적극) 및 유치권 신고를 한 사람이 피담보채권으로 주장하는 금액 중 일부만 경매절차에서 유치권으로 대항할 수 있는 경우, 법원이 취할 조치(=유치권 부분에 대한 일부패소 판결)와 유치권 부존재 확인소송에서 유치권의 목적물과 견련관계 있는 채권의 존재에 관한 주장·증명책임의 소재(=피고)	2013도99409판결	166
15	[1] 유치권 배제 특약의 효력(유효) 및 특약에 따른 효력은 특약의 상대방뿐 아니라 그 밖의 사람도 주장할 수 있는지 여부(적극) [2] 유치권 배제 특약에 조건을 붙일 수 있는지 여부(적극) 및 조건을 붙이고자 하는 의사가 있는지 판단하는 기준	2016다234043판결	169

일부만 완공된 건물에 전세금을 지급하고 입주한 후 건물을 매수하기로 합의한 후 자기 자금으로 미완성 부분을 완성한 자의 유치권 행사는?

대법원 1967.11.28.선고 66다2111판결 【손해배상】

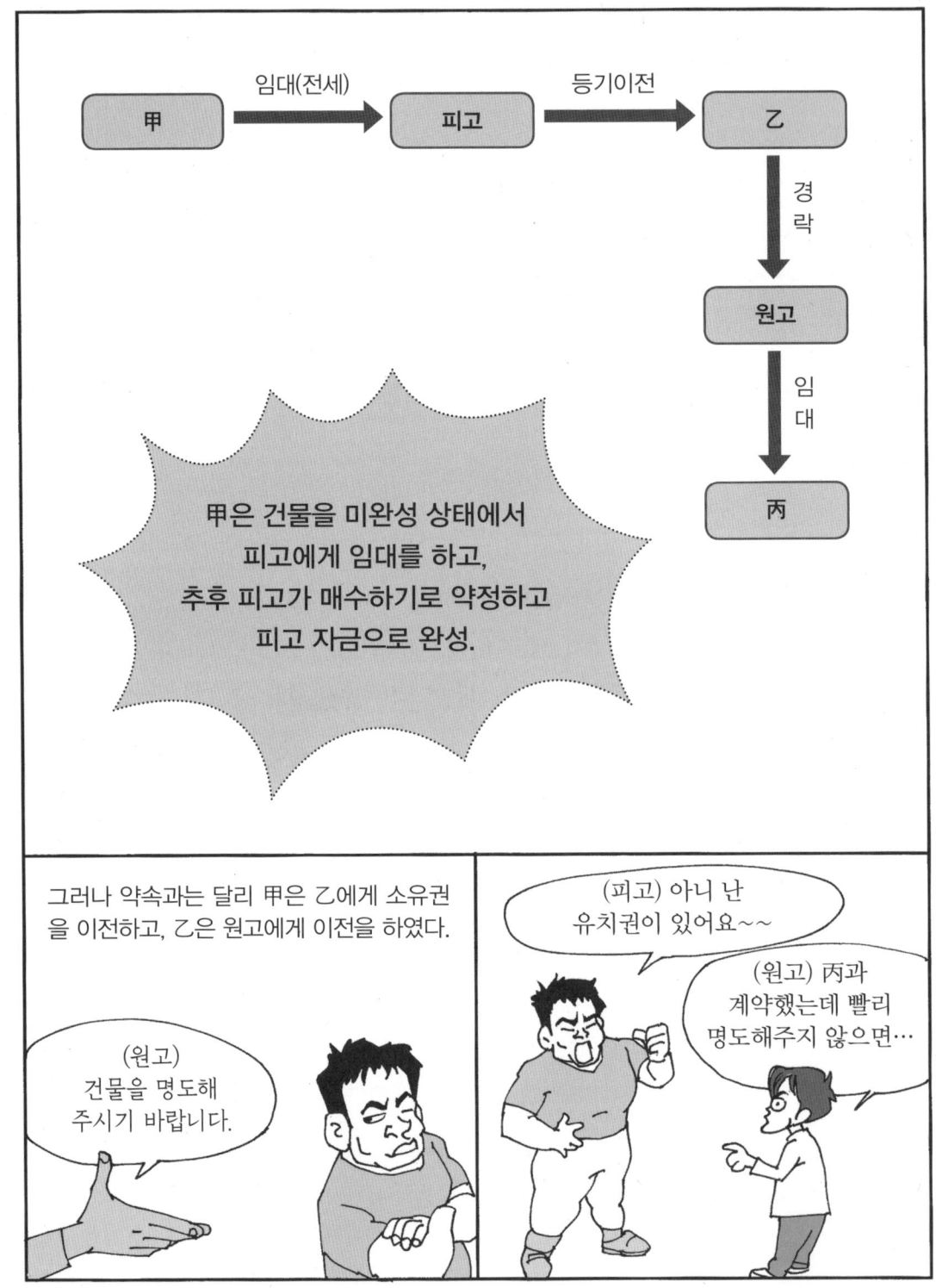

유치권의 성립요건인 유치권자의 점유에 간접점유가 포함되는지 여부(적극)
- 대법원 2002.11.27.자 2002마3516결정
- 대법원 2013.10.24.선고 2011다44788판결
- 대법원 2012.2.9.선고 2011다72189판결

유치권에서 가장 중요한 것이 무엇인지는 아시죠? 점유 아닌가요?	맞습니다. 점유가 유치권의 성립요건이자 존속요건입니다. 그런데 갑자기 점유를…?
유치권자가 직접 점유할 수는 없을건데… 어떤 곳은 경비업체가하는 곳도 있던데…	맞습니다. 그래서 이 시간에는 유치권자의 직접점유와 간접점유에 대하여 알아보겠습니다. 알겠습니다.
부동산의 권리는 등기부에 등재되어야 효력이 발생하죠? 그건 당연한거 아닌가요?	이와 달리 유치권은 점유하는 것으로 효력이 발생합니다. ㅋㅋ 다알고 있는 것을…

부동산은 등기부로 공시되지만…

유치권은 점유로 공시된다는 말씀이죠?

그렇습니다. 그래서 점유도 공시적 요건을 갖추지 않으면 유치권의 효력이 발생하지 않습니다.

점유와 관련된 판례도 있나요?

대법원 1996. 8. 23. 선고 95다8713 판결

점유라고 함은 물건이 사회통념상 그 사람의 사실적 지배에 속한다고 보여지는 객관적 관계에 있는 것을 말하고 사실상의 지배가 있다고 하기 위하여는 반드시 물건을 물리적, 현실적으로 지배하는 것만을 의미하는 것이 아니고 물건과 사람과의 시간적, 공간적 관계와 본권관계, 타인지배의 배제가능성 등을 고려하여 사회관념에 따라 합목적적으로 판단하여야 한다.

유치권 현장을 가보면 현수막이나 시건장치 등을 해 놓은 것을 볼 수가 있습니다.

그게 공시의 방법이군요?

공시의 방법이자 입출입의 통제라고 할 수 있죠.

그렇군요.

대법원 2012.2.9. 선고 2011다72189판결

갑 주식회사가 건물신축 공사대금 일부를 지급받지 못하자 건물을 점유하면서 유치권을 행사해 왔는데, 그 후 을이 경매절차에서 건물 중 일부 상가를 매수하여 소유권 이전등기를 마친 다음 갑 회사의 점유를 침탈하여 병에게 임대한 사안에서, 을의 점유침탈로 갑 회사가 점유를 상실한 이상 유치권은 소멸하고, 갑 회사가 점유회수의 소를 제기하여 승소판결을 받아 점유를 회복하면 점유를 상실하지 않았던 것으로 되어 유치권이 되살아난다.

자! 이제 직접점유와 간접점유에 대해서 알아보죠.

직접점유란 유치권자가 건물을 직접 점유하는 것을 말합니다.

알겠습니다.

그런데 점유보조자란 말도 있던데요?

유치권자는 점유를 계속적으로 유지해야 하는데…

계속적으로 유지하려면 힘들텐데…

맞습니다. 그래서 가족이나 지인, 직원, 고용인을 통하여 점유를 대신하게 되는데…

아하! 그들을 점유보조자라 하는군요…

[1] 민법 제320조 제1항에 정한 유치권의 피담보채권인 '그 물건에 관하여 생긴 채권'의 범위 및 민법 제321조에 정한 유치권의 불가분성이 그 목적물이 분할 가능하거나 수개의 물건인 경우에도 적용되는지 여부(적극) [2] 다세대주택의 창호 등의 공사를 완성한 하수급인이 공사대금채권 잔액을 변제받기 위하여 위 다세대 주택 중 한 세대를 점유하여 유치권을 행사하는 경우, 그 유치권은 위 한 세대에 대하여 시행한 공사대금만이 아니라 다세대주택 전체에 대하여 시행한 공사대금채권의 잔액 전부를 피담보채권으로 하여 성립한다고 본 사례

대법원 2007.9.7.선고 2005다16942판결 【건물명도】

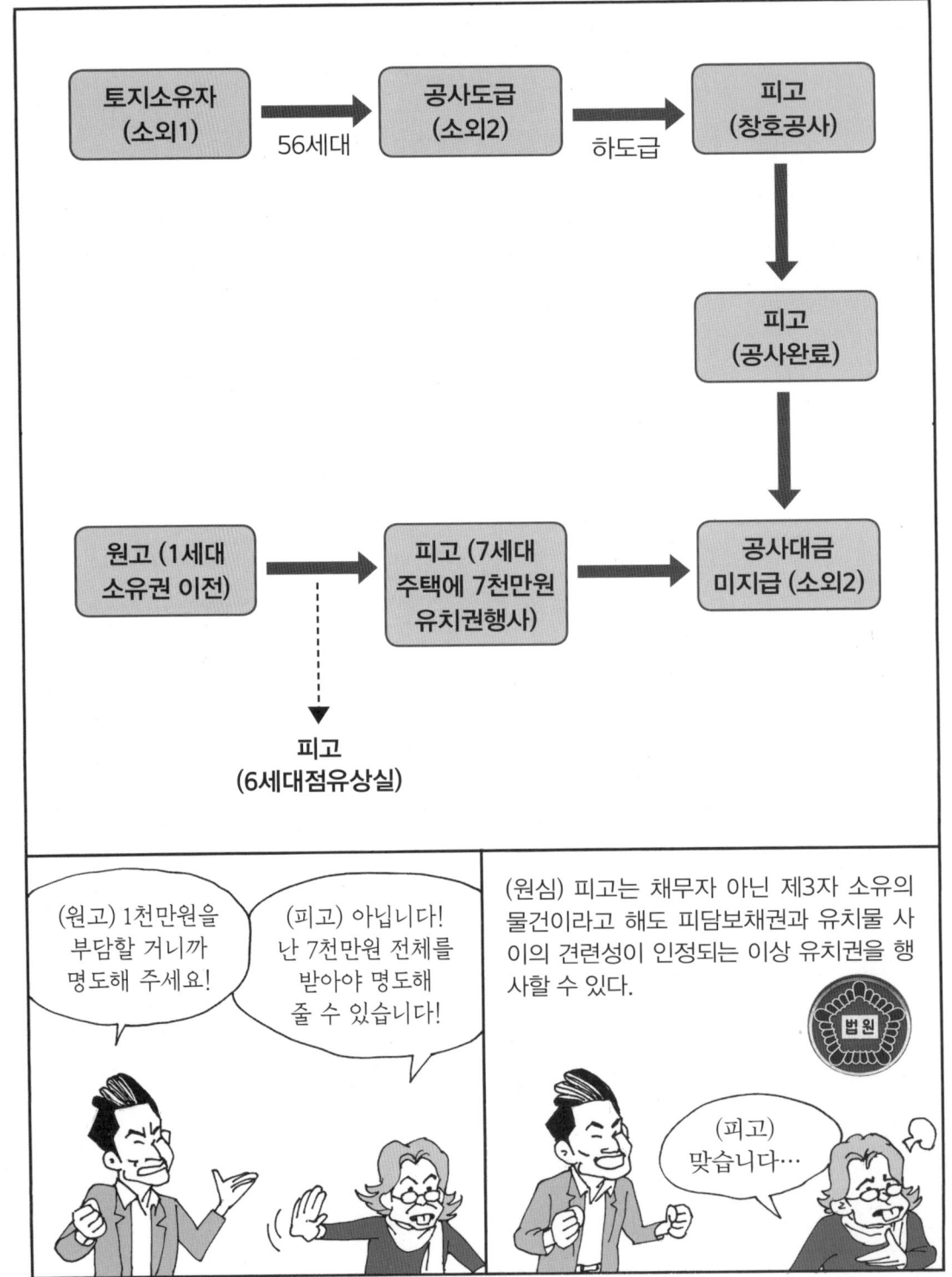

(원심) 그러나 그 행사범위는 공평의 원칙상 당해채권과 유치권자가 점유하고 있는 특정한 물건과의 견련성이 인정되는 범위로 엄격히 제한될 필요가 있다. 	(원심) 그러므로 피고는 점유하고 있는 이 사건 주택에 대하여 시행한 공사대금 1천만원을 지급받음과 동시에 이 사건 주택을 인도하라. 땅! 땅! 땅!  (원고) 맞습니다~~ 
(원고) 이게아닌데… (대법원) 아니다! 이 공사계약은 다세대주택에 대하여 일괄적으로 하도급한 공사계약이다. 	(원고) 맞습니다. (대법원) 또한 공사대금을 각 호수 별로 구분하여 지급하기로 한 것이 아니라 이 사건 공사 전부에 대하여 일률적으로 지급하기로 약정하였다. 
(원고) 맞습니다. (대법원) 그러므로 공사대금 중 일부를 지급한 것도 특정 호수 별로 지급한 것이 아니라 공사 목적물 전체에 대하여 지급하였다. 	(원고) 역시~~ (대법원) 원고가 7동의 다세대 주택 중 1세대만 점유하고 있다고 하더라도 유치물은 그 각 부분으로써 피담보채권의 전부를 담보한다고 하는 유치권의 불가분성에 의하여… 

부동산 임의경매절차에서 이미 최고가매수신고인이 정해진 후 매각결정기일까지 사이에 유치권의 신고가 있고 그 유치권이 성립될 여지가 없음이 명백하지 아니한 경우, 집행법원이 취할 조치(=매각불허가결정)

대법원 2008.6.17.자 2008마459판결 【부동산매각허가결정에대한이의】

(대법원) 丙이 제출한 자료에 의하면 유치권이 성립할 여지가 없지 않다. 그러나 집행법원은 매각허가결정에 앞서 이해관계인을 심문도 하지 않았다.

(丙) 맞습니다. 심문은하지도 않았습니다.

(대법원) 이런 경우 집행법원은 유치권의 성립에 대하여 조사한 다음 유치권이 성립될 여지가 없음이 명백하지 아니하면 丙의 매각허가에 대한 이의를 정당한 것으로 인정하여 매각을 허가하지 아니하는 결정을 하는 것이 상당하다.

(丙) 맞습니다..

(대법원) 또한 매각결정기일까지 유치권의 신청이 없었다거나, 그 유치권이 장차 매수인에게 대항할 수 없는 것일 가능성이 있다고 하여 달리볼 것은 아니다. 땅! 땅! 땅!

유치권의 피담보채권의 소멸시효기간이 확정판결 등에 의하여 10년으로 연장된 경우, 유치권이 성립된 매수인이 종전의 단기소멸시효를 원용할 수 있는지 여부(소극)

대법원 2009.9.24.선고 2009다39530판결 【유치권부존재】

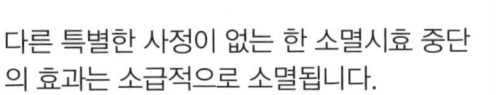

체납처분압류가 되어 있는 부동산에 대하여 경매절차가 개시되기 전에 민사유치권을 취득한 유치권자가 경매절차의 매수인에게 유치권을 행사할 수 있는지 여부(적극)

대법원 2014.3.20.선고 2009다60336전원합의체판결 【유치권부존재확인】

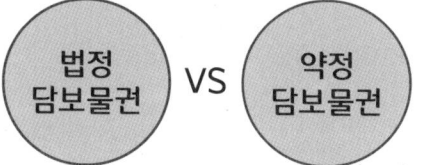

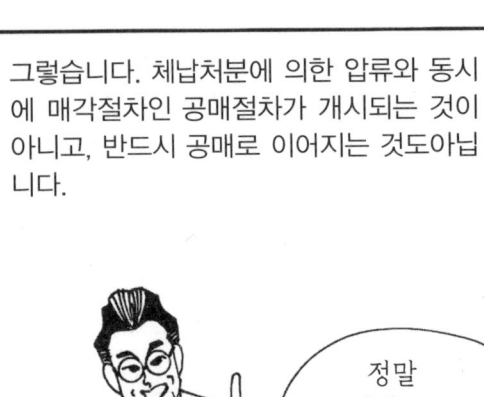

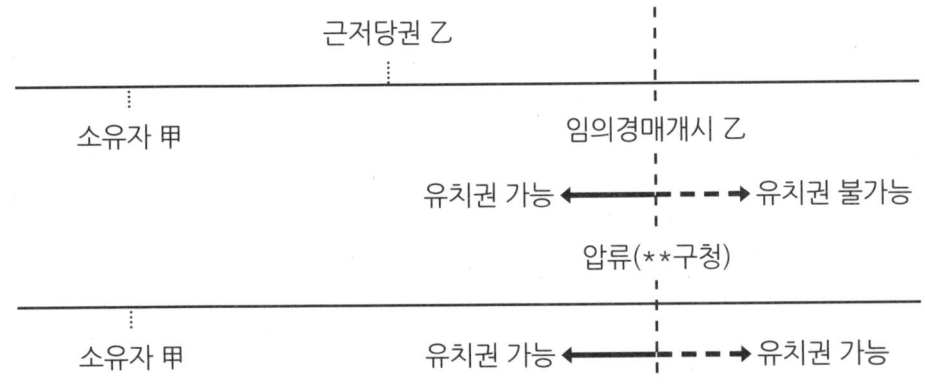

민법 제322조 제1항에 따른 유치권에 의한 경매가 목적부동산 위의 부담을 소멸시키는 것을 법정매각조건으로 하여 실시되는지 여부(적극)와 유치권자의 배당순위(=일반채권자와 동일한 순위) 및 집행법원이 매각조건 변경결정을 통해 목적부동산 위의 부담을 매수인이 인수하도록 정할 수 있는지 여부(적극)

대법원 2011.6.15.자 2010마1059결정 【유치권신청에의한임의경매결정에대한즉시항고】

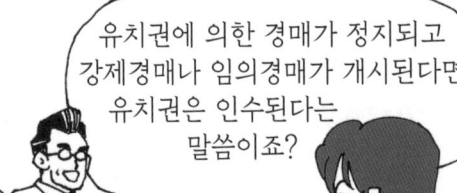

상사유치권과 관련한 여러 판례
- 대법원 2013.2.28.선고 2010다57350판결
- 대법원 2012.1.26.선고 2011다96208판결
- 대법원 2012.9.27.선고 2012다37176판결
- 대법원 2013.5.24.선고 2012다39769,39776판결
- 대법원 2013.3.28.선고 2012다94285판결

또한 상사유치권은 당사자 사이의 묵시적 약정으로도 배제특약이 가능합니다. 묵시적 약정으로도요…?	그리고 민사유치권은 그 담보채권이 목적물에 관하여 생긴 것에만 해당이 되죠? 그럼 상사유치권은 목적물에 관한 것이 아니라도 성립된다는…?
그렇습니다. 상사유치권은 목적물에 관한 것일 필요는 없습니다. 그래요? 	그렇지만 반드시 채무자 소유일 것으로만 제한하고 있죠. 목적물에 관한 것은 아니지만 반드시 채무자 소유여야 한다는 말씀이군요…
그렇다면 채무자 소유 물건에 이미 선행 저당권이 설정되어 있는 상태에서 상사유치권이 성립한 경우가 문제가 되겠죠? 그런 경우는 어떻게 되나요? 	선행저당권에 기한 임의경매절차에서 부동산을 취득한 매수인에게는 대항할 수 없다는 겁니다. 그렇군요~~ 

부동산 매도인이 매매대금을 다 지급받지 않은 상태에서 매수인에게 소유권이전등기를 마쳐주었으나 부동산을 계속 점유하고 있는 경우, 매매대금채권을 피담보채권으로 하여 매수인이나 그에게서 부동산 소유권을 취득한 제3자에게 유치권을 주장할 수 있는지 여부(소극)

대법원 2012.1.12.자 2011마2380판결 【부동산인도명령결정에대한즉시항고】

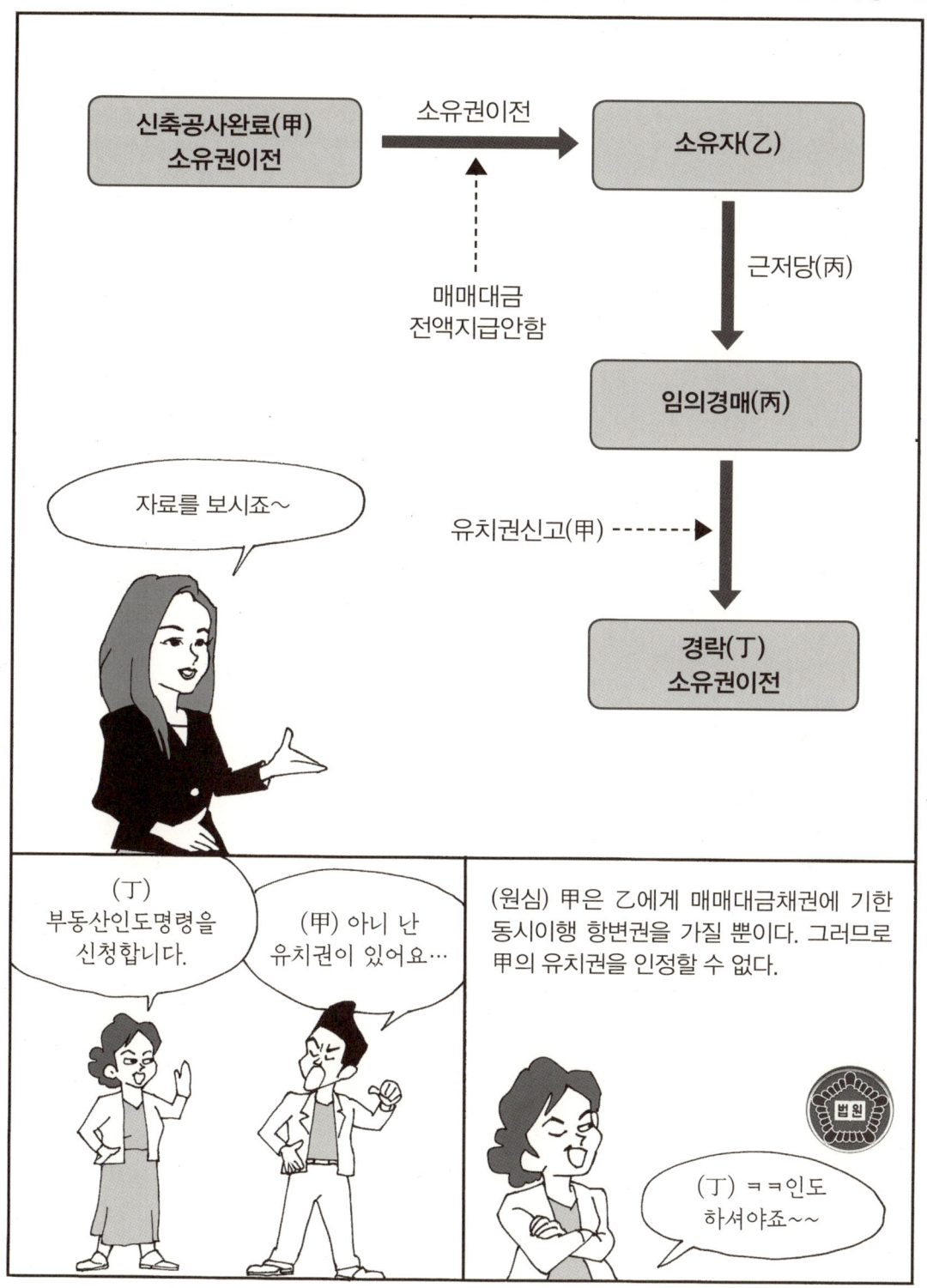

채무자 소유의 건물에 관하여 공사를 도급받은 수급인이 경매개시결정의 기입등기가 마쳐지기 전에 채무자에게서 건물의 점유를 이전받았으나 경매개시 결정의 기입등기가 마쳐져 압류의 효력이 발생한 후에 공사를 완공하여 공사대금채권을 취득함으로써 유치권이 성립한 경우, 수급인이 유치권을 내세워 경매절차의 매수인에게 대항할 수 있는지 여부(소극)

대법원 2011.10.13.선고 2011다55214판결 【유치권부존재확인】

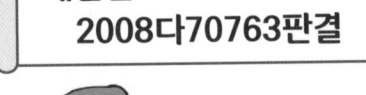

갑 주식회사가 건물신축 공사대금 일부를 지급받지 못하자 건물을 점유하면서 유치권을 행사해 왔는데, 그 후 을이 경매절차에서 건물 중 상가부분을 매수하여 소유권이전등기를 마친 다음 갑 회사의 점유를 침탈하여 병에게 임대한 사안에서, 갑 회사의 유치권이 소멸하지 않았다고 본 원심판결에 법리오해의 위법이 있다고 한 사례

대법원 2012.2.9.선고 2011다72189판결 【유치권확인】

(대법원) 그러나 원고가 점유회수의 소를 제기하여 승소판결을 받아 점유를 회복하면…
???????????
(대법원) 점유를 상실하지 않았던 것으로 되어 유치권이 되살아난다.
점유회수의 소를 제기해야되겠군…
(대법원) 그러므로 위와 같은 방법으로 점유를 회복하기 전에는 유치권이 되살아 나는 것은 아니다. 땅!땅!땅!
???????????
교수님! 그럼 점유회수의 소는 언제까지 해야하나요?
점유의 침탈을 당한날로부터 1년 내에 행사해야 합니다.

채무자 소유의 목적물에 이미 저당권 기타 담보물권이 설정되어 있는데 채권자가 자기 채권의 우선적 만족을 위하여 채무자와 의도적으로 유치권의 성립요건을 충족하는 내용의 거래를 하고 목적물을 점유함으로써 유치권이 성립한 경우, 유치권을 저당권자 등에게 주장하는것이 허용되는지 여부(소극) 및 이 경우저당권자 등이 경매절차 기타 채권실행절차에서 유치권을 배제하기 위하여 그 부존재확인 등을 소로써 청구할 수 있는지 여부(적극)

대법원 2011.12.22.선고 2011다84298판결 【유치권부존재확인】

우리 법에서 유치권제도는 대세적 권능을 인정합니다.

"대세적 권능은 이제 알고 있습니다~~"

그러므로 유치권은 유치권자의 채권의 만족을 간접적으로 확보하려는 것이죠.

"그런데 왜 그런 말씀을…?"

이와 달리 저당권 등의 부동산담보권은 비점유담보입니다.

"비점유담보요?"

유치권은 점유가 필요충분조건이지만 저당권은 점유를 하지 않아도 된다고 생각하시면 됩니다.

"그렇군요~~"

또한 부동산에(근) 저당권과 같은 담보권이 설정된 경우에도 그 설정 후에 제3자가 유치권을 취득할 수 있습니다.

"그건 알고 있습니다~~"

이러한 (근)저당권은 선후가 굉장히 중요합니다.

"그건 당연한 건데…"

그러나 유치권은 그 성립의 선후에 불문하고 우선적으로 자기 채권의 만족을 얻을 수 있습니다.

정말 강력한데요~~

"(근)저당권은 선후에 따라, 유치권은 선후를 불문한다"고 생각하시면 됩니다.

그럼 유치권보다 먼저 (근)저당권을 설정했다고 해도

유치권자보다 먼저 (근)저당권을 설정한 사람은 유치권으로 인하여 담보가치가 현저히 하락하는 경우가 발생할 수 있습니다.

제가 드리는 말씀이 그렇습니다~~

"시간에서 앞선 사람은 권리에서도 앞선다"는 일반적인 법원칙의 예외로 인정되는 겁니다.

정말 강력한데요

그렇습니다. 대세권으로 아주 강력하죠.

정말 그렇네요~~

그래서 유치권의 성립조건에 관하여 판례에서는 매우 엄격하게 적용을 하고 있습니다.

정말 그럴 것 같아요~~

이렇게 유치권의 대세적 권능이 강력해서 허위의 유치권 등이 많은 이유입니다. 그렇군요…	그런데 건축 중인 건물 외에 별다른 재산이 없는 채무자가 채권자에게 채권의 우선적 만족을 해주기 위하여 유치권을 성립하게 한다면 그럼 다른 선순위 설정자들은 많은 피해를 입을텐데요…?
그렇습니다. 그래서 판례에서는 채무자와의 사이에 의도적으로 유치권의 성립요건을 충족하는 내용의 거래를 일으켜 그에 의하여 유치권이 성립하였다면… 헐~~	그런 유치권자는 특별한 사정이 없는한 신의칙에 반하는 권리행사 또는 권리남용이라는 거죠. 그럼 경매에서 이런 경우가 있다면…?
유치권이 있는 경매물건 중에 경매를 진행하다가 정지되어 있는 물건을 보셨죠? 예. 많이봤습니다.	그런 경매물건을 자세히 보면 채권자나 근저당권자가 유치권부존재 소송을 하는 경우가 많습니다. 아하! 유치권부존재 소송을 위해서 그랬군요.

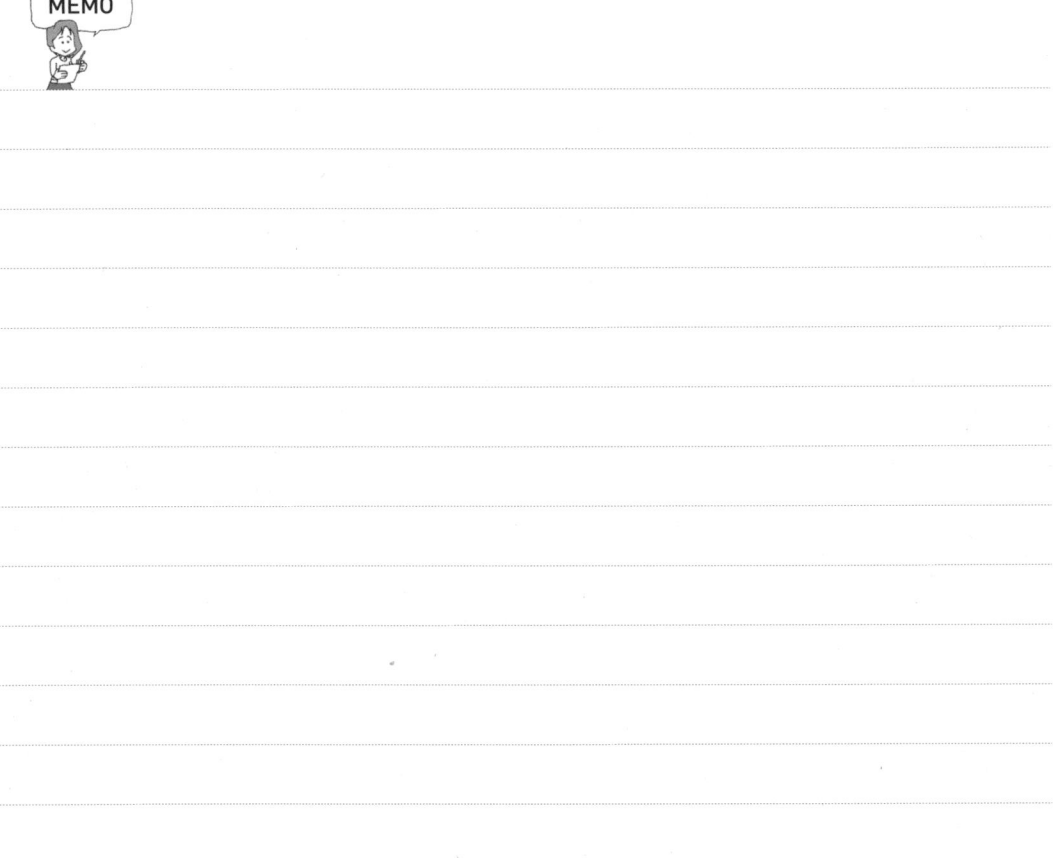

공사대금채권에 기하여 유치권을 행사하는 자가 스스로 유치물인 주택에 거주하며 사용하는 것이 유치물의 보존에 필요한 사용에 해당하는지 여부(원칙적적극)
- 대법원 2009.9.24.선고 2009다40684판결
- 대법원 2013.4.11.선고 2011다107009판결

대법원 2013.4.11.선고 2011다107009판결 【건물명도등】

(원심)
건물을 장기간 주거의 용도로 사용한 것은 유치권자의 권한을 초과하는 행위다…

(원심)
그러므로 유치권은 소멸하였다. 땅! 땅! 땅!

(대법원)
아니다. 유치권을 행사하는 자가 스스로 유치물인 주택에 거주하며 사용하는 것은 특별한 사정이 없는한 유치물인 주택의 보존에 도움이 되는 행위다.

(대법원)
그러므로 그런 경우에는 유치권의 소멸을 청구할 수 없다.

(대법원)
그러나 유치권자가 유치물의 보존에 필요한 사용을 한 경우에도 특별한 사정이 없는 한 차임에 상당한 이득을 소유자에게 반환해야 한다.

근저당권자가 유치권 신고를 한 사람을 상대로 경매절차에서 유치권을 내세워 대항할 수 있는 범위를 초과하는 유치권의 부존재 확인을 구할 법률상 이익이있는지 여부(적극) 및 유치권 신고를 한 사람이 피담보채권으로 주장하는 금액 중 일부만 경매절차에서 유치권으로 대항할 수 있는 경우, 법원이 취할 조치(=유치권 부분에 대한 일부패소 판결)와 유치권 부존재확인소송에서 유치권의 목적물과 견련관계 있는 채권의 존재에 관한 주장·증명책임의 소재(=피고)

대법원 2016.3.10.선고 2013도99409판결 【유치권부존재확인】

[1] 유치권 배제 특약의 효력(유효) 및 특약에 따른 효력은 특약의 상대방 뿐 아니라 그 밖의 사람도 주장할 수 있는지 여부(적극)

[2] 유치권 배제 특약에 조건을 붙일 수 있는지 여부(적극) 및 조건을 붙이고자 하는 의사가 있는지 판단하는 기준

대법원 2018.1.24.선고 2016다234043판결 【유치권방해금지】

만화로 배우는 유치권

초판 1쇄 · 2020년 10월 1일

지은이 · 정기수·류승언
그 림 · 안 주
제 작 · ㈜봄봄미디어
펴낸곳 · 봄봄스토리
등 록 · 2015년 9월 17일(No. 2015-000297호)
전 화 · 070-7740-2001
이메일 · bombomstory@daum.net

ISBN 979-11-89090-37-1(03320)
값 30,000원